Collec

ISBN 2-07-031008-6
Titre original : How I hunted the little fellows
Publié par Dodd, Mead and Co., New York.
© Djemma Bider, 1979, pour la traduction.
© Paul O. Zelinsky, 1979, pour les illustrations.
© Editions Gallimard, 1983, pour la traduction française.
Numéro d'édition : 31096
Dépôt légal : Janvier 1983.

BORIS ZHITKOV

Les marins fantômes

Illustré par
PAUL O. ZELINSKY

Traduit de l'anglais par
CAMILLE FABIEN

Gallimard

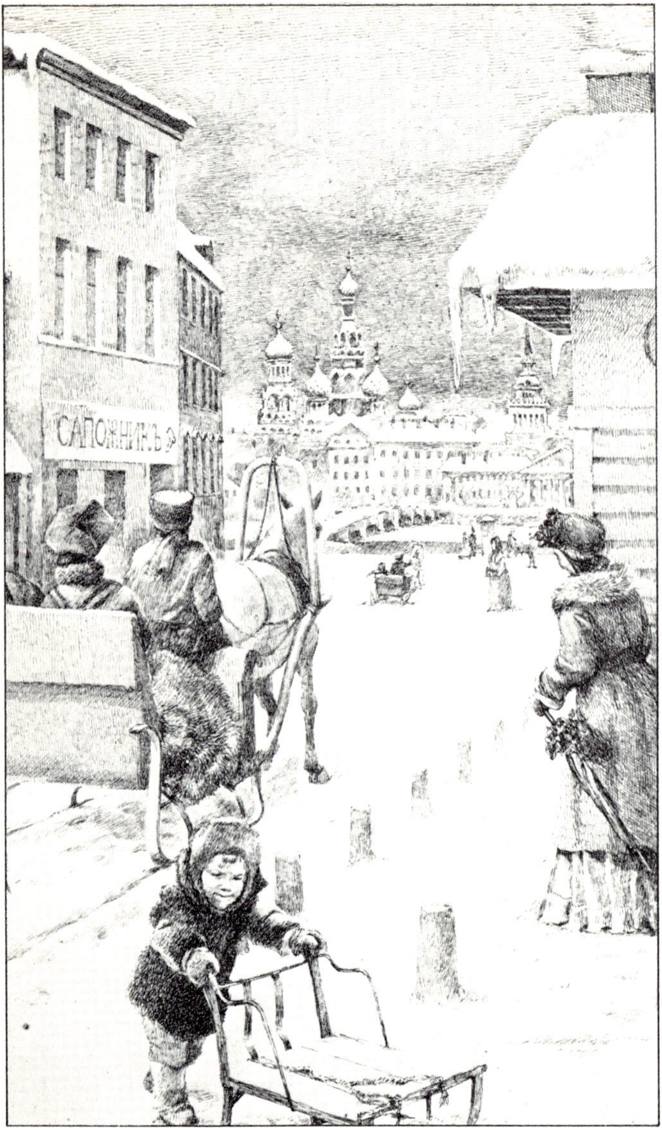
САПОЖНИКЪ

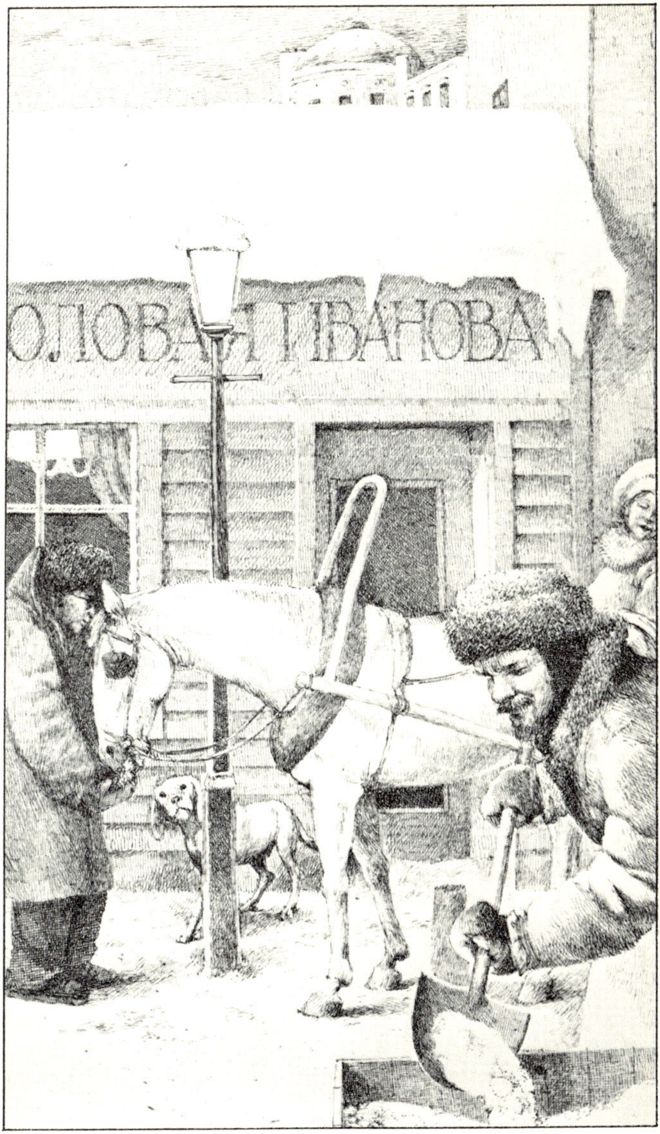
ОЛОВА
ВАНОВА

Lorsque j'étais enfant, mes parents m'envoyèrent un jour chez ma grand-mère pour y passer quelques semaines. Dans la grande pièce, au-dessus de la table, il y avait une étagère, et sur cette étagère, une maquette de bateau à vapeur.

Je n'avais encore jamais rien vu de semblable : bien que ce ne fut qu'un objet, il paraissait tout aussi réel qu'un vrai navire, avec sa grosse cheminée et ses mâts reliés à la coque par des échelles de cordes. A l'arrière, une cabine en forme de maisonnette était percée de minuscules fenêtres et d'une petite porte. Une barre de gouvernail en cuivre était fixée à l'extrémité de la poupe et l'on voyait, juste au-dessous, le gouvernail lui-même, derrière l'hélice du bateau, étincelante comme une rose d'or.

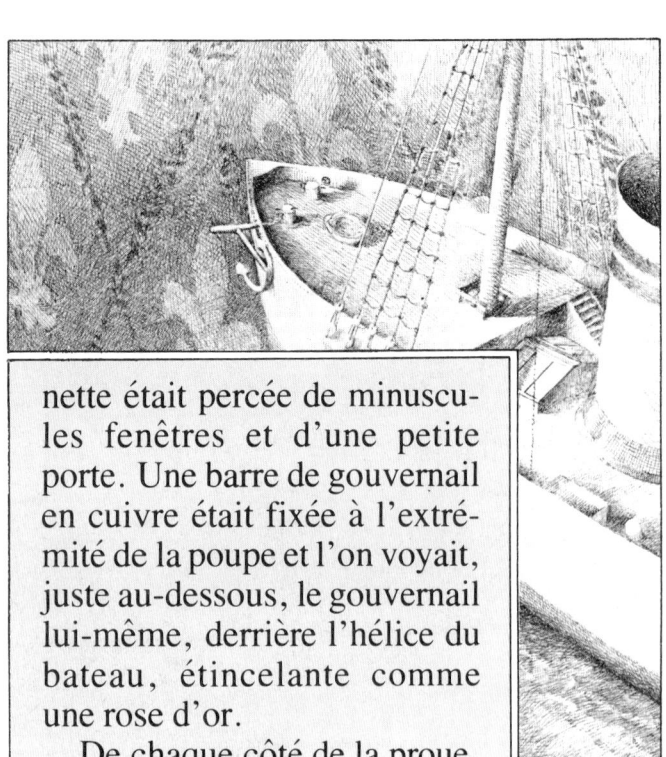

De chaque côté de la proue, deux ancres étaient accrochées, deux ancres si belles, si délicatement travaillées, que j'aurais voulu en posséder au moins une, rien qu'une seule.

La première chose que je demandai à ma grand-mère, ce fut la permission de jouer avec le bateau. D'habitude, elle ne me refusait rien, mais cette fois, elle se montra catégorique :

— Il n'en est pas question, dit-elle avec un froncement de sourcils, et non seulement il ne faut pas jouer avec, mais il ne faut même pas y toucher. Jamais, entends-tu ? C'est un souvenir qui m'est trop précieux.

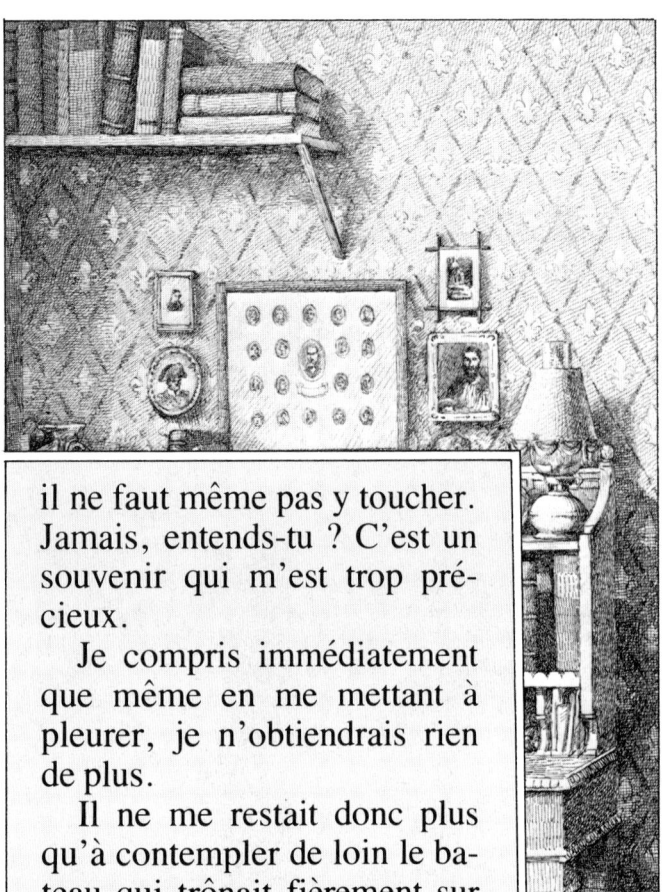

Je compris immédiatement que même en me mettant à pleurer, je n'obtiendrais rien de plus.

Il ne me restait donc plus qu'à contempler de loin le bateau qui trônait fièrement sur son étagère bien cirée.

— Donne-moi ta parole d'honneur que tu n'y toucheras pas, insista ma grand-mère, et puis non, je vais plutôt le cacher quelque part pour t'éviter la tentation,

ajouta - t - elle en allant vers l'étagère.
 Les larmes aux yeux, je me mis à crier de toute la force de mes poumons :
 — Parole d'honneur ! Croix de bois,

croix de fer ! Si je mens, je vais en enfer ! Je n'y toucherai pas !

J'agrippai un pan de sa robe avec un regard suppliant.

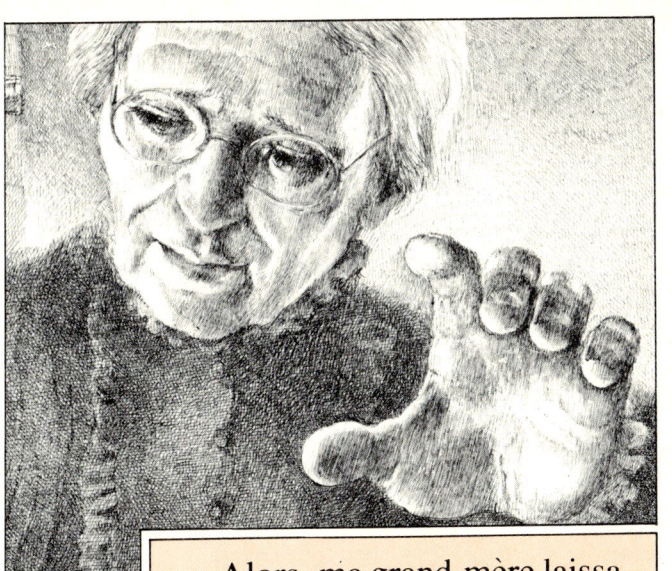

Alors, ma grand-mère laissa en place le bateau.

Je ne parvenais pas à en détacher mon regard. Sans cesse, je montais sur une chaise pour mieux le voir, et plus je le regardais, plus il me semblait réel. J'étais même certain qu'on pouvait ouvrir la porte de la cabine et que de petits hommes habitaient à l'intérieur. Des hommes minuscules, à la taille du bateau. D'après mes estimations, ils devaient être un peu plus petits qu'une allu-

mette. J'attendis dans l'espoir que l'un d'entre eux se montrerait à une fenêtre. Ils jetaient sûrement un coup d'œil au-dehors de temps en temps. Et sans doute attendaient-ils que l'appartement fût vide pour sortir sur le pont et monter au sommet des mâts par les échelles de cordes. Mais s'ils entendaient le moindre bruit, il leur fallait alors se précipiter dans la cabine, plus rapides que des souris, et rester bien silencieux, accroupis sur le sol à l'abri des regards.

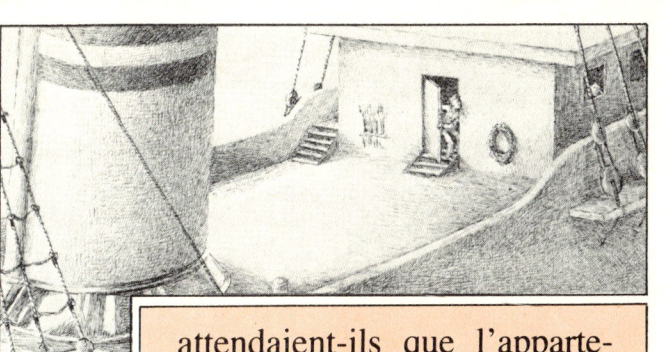

Chaque fois que j'étais seul dans la pièce, je les guettais pendant des après-midi entières. Mais aucun d'entre eux n'apparaissait. Alors, je me cachais derrière la porte pour les épier par le trou de la serrure. Mais ils étaient trop malins pour ne pas se rendre compte de ma présence. Ils devaient sûrement attendre la nuit pour se mettre à l'ouvrage, lorsqu'ils étaient sûrs que personne ne pouvait les voir. C'était plus prudent.

Un soir, j'avalai ma tasse de thé et demandai à ma grand-mère de me mettre au lit.

— Qu'est-ce qui te prend ? s'étonna-t-elle, d'habitude, il faut toujours que je te force à te coucher et ce soir, tu veux aller au lit de si bonne heure ?

Lorsque je fus couché, ma grand-mère éteignit la lumière avant de rejoindre également son lit. Mais dans l'obscurité, je ne pouvais voir le bateau. Alors, je me mis à me tourner et à me retourner sans cesse pour faire grincer le sommier.

— Qu'est-ce que tu as à t'agiter ainsi ? demanda ma grand-mère.

— J'ai peur dans le noir, répondis-je, à la maison, il y a toujours une veilleuse qui reste allumée.

C'était un mensonge. Mes parents éteignaient toujours toutes les lumières la nuit.

Ma grand-mère grommela quelques mots, puis elle se leva. Elle tâtonna dans le noir et finit par allumer une mèche dans un bol d'huile de lampe. Il y avait ainsi suffisamment de lumière pour que je puisse voir le bateau briller sur son étagère.

Je tirai la couverture au-dessus de ma tête pour me faire une sorte de petite maison, laissant une étroite ouverture au travers de laquelle je pouvais observer ce qui se passait, en prenant bien soin de ne pas faire le moindre mouvement. Mes yeux s'habituèrent bientôt à la pénombre, et je distinguais parfaitement le bateau.

Je le contemplai un long moment. Tout

était silencieux dans la pièce. On entendait seulement le tic-tac de l'horloge. Puis soudain, il y eut un bruissement. Je dressai l'oreille. Le bruit venait du bateau, comme si l'on ouvrait la porte de la cabine. Je retins mon souffle. Avec précaution, j'essayai d'avancer de quelques centimètres, mais le lit se mit à grincer.

C'était suffisant pour avoir fait peur aux petits hommes. Il devenait maintenant inutile de poursuivre ma veille, et je m'endormis, déçu.

Le lendemain, je me fis cette réflexion : il fallait bien que les marins du bateau trouvent de quoi se nourrir, et un simple sucre d'orge devait suffire à remplir pour longtemps leur garde-manger. Il me restait donc à déposer un morceau de sucre d'orge devant la porte de la cabine.

Un petit morceau ferait l'affaire, à

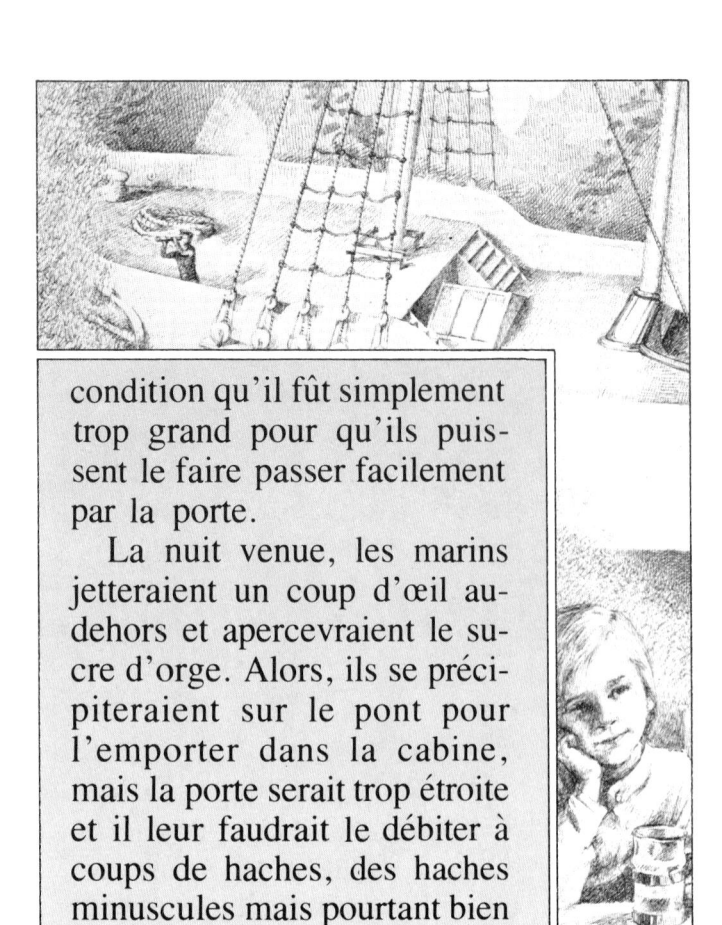

condition qu'il fût simplement trop grand pour qu'ils puissent le faire passer facilement par la porte.

La nuit venue, les marins jetteraient un coup d'œil au-dehors et apercevraient le sucre d'orge. Alors, ils se précipiteraient sur le pont pour l'emporter dans la cabine, mais la porte serait trop étroite et il leur faudrait le débiter à coups de haches, des haches minuscules mais pourtant bien réelles.

Ils commenceraient à le tailler en petits morceaux, en travaillant vite pour éviter d'être surpris, abattant leurs haches sur le sucre d'orge qu'ils essayeraient ensuite de faire passer par la porte.

22

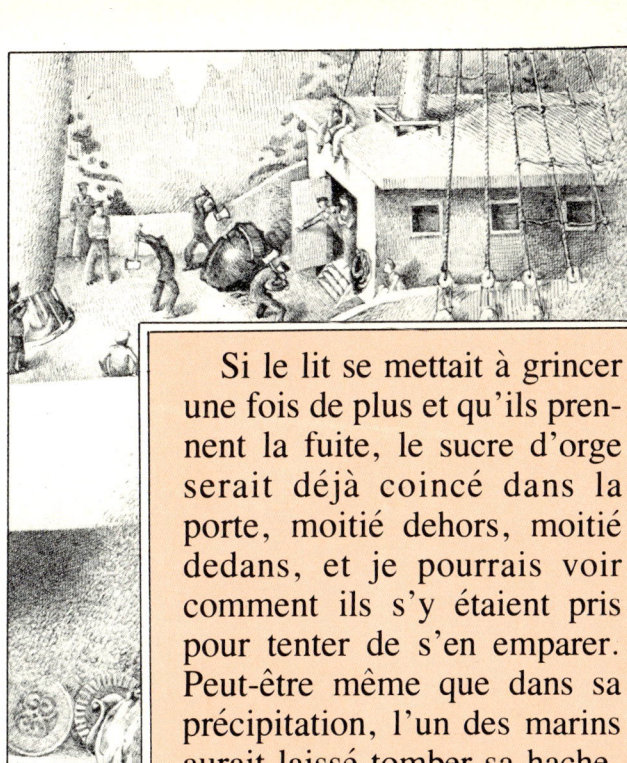

Si le lit se mettait à grincer une fois de plus et qu'ils prennent la fuite, le sucre d'orge serait déjà coincé dans la porte, moitié dehors, moitié dedans, et je pourrais voir comment ils s'y étaient pris pour tenter de s'en emparer. Peut-être même que dans sa précipitation, l'un des marins aurait laissé tomber sa hache. Je l'aurais alors trouvée, abandonnée sur le pont, si minuscule mais bien réelle, et aiguisée comme une vraie.

Sans que ma grand-mère s'en aperçoive, je cassai un morceau de sucre d'orge à la taille qui me semblait convenir.

Ensuite, j'attendis que ma grand-mère

aille dans la cuisine, puis je me glissai jusqu'à l'étagère, montai sur la table et déposai mon appât devant la porte de la cabine.

Les petits hommes n'auraient qu'un pas à faire pour le trouver.

Je descendis de la table et j'essuyai d'un revers de manche les traces que mes chaussures avaient laissées. Ma grand-mère n'avait rien remarqué.

J'épiai le bateau aussi souvent que possible. Mais ma grand-mère m'emmena en promenade et j'eus peur que les petits hommes ne s'emparent du sucre d'orge pendant mon absence,

déjouant ainsi mon plan pour les attraper.
 Je fis donc exprès de renifler tandis que nous marchions dans la neige, en me plaignant du froid. Aussi ma grand-mère me

ramena-t-elle bientôt à la maison.

Dès notre retour, j'examinai le bateau. Le sucre d'orge était toujours là, à l'endroit même où je l'avais posé. Cela signifiait qu'ils étaient trop méfiants pour se risquer au-dehors en plein jour.

La nuit suivante, lorsque ma grand-mère se fut endormie, je m'installai sous ma couverture en forme de maison et me mis à l'affût. Cette fois, la veilleuse diffusait une bonne lumière et le sucre d'orge scintillait comme un morceau de glace au soleil. Je ne cessai de le contempler, mais je finis malheureusement par m'endormir.

Au matin, je me levai de bonne heure et courus vers le bateau, encore vêtu de ma chemise de nuit, pour voir s'il s'était passé quelque chose. Le sucre d'orge

n'était plus là. Les petits hommes s'étaient montrés plus rusés que moi. J'observai attentivement le pont, mais il n'y avait pas de hache, bien entendu. Après tout, pourquoi en auraient-ils laissé une ? Puisque personne ne les avait dérangés, ils avaient pu prendre tout leur temps et emporter jusqu'au moindre petit morceau de sucre d'orge. Il ne restait plus rien. La fois suivante, ce fut du pain que je déposais sur le pont.

Cette nuit-là, je parvins à entendre des bruits, mais la veilleuse n'éclairait plus rien du tout et je pouvais à peine apercevoir le bateau. Le lendemain matin, le pain aussi avait disparu. Il n'en restait plus que quelques miettes. Je comprenais tout, à présent : le pain ne les intéressait pas autant que les sucreries et lorsqu'ils trouvaient un sucre d'orge, ils en ramassaient jusqu'au dernier morceau. Je ne pouvais m'empêcher de penser sans cesse aux petits hommes. J'imaginais qu'à l'intérieur du bateau, il y avait des bancs de chaque côté de la coque. Dans la journée, ils s'y asseyaient côte à côte et se parlaient à l'oreille en chuchotant. Mais la nuit venue, lorsque la maison était endormie, ils commençaient à s'agiter.

J'avais envie de tremper dans l'encre un petit morceau de tissu, un minuscule lambeau, puis de le poser devant la porte de la cabine. Ainsi, quand ils sortiraient, ils marcheraient dans l'encre avant d'avoir pu remarquer la présence du tissu et laisseraient des traces de pas derrière eux. De cette manière, je pourrais au moins voir la forme de leurs pieds.

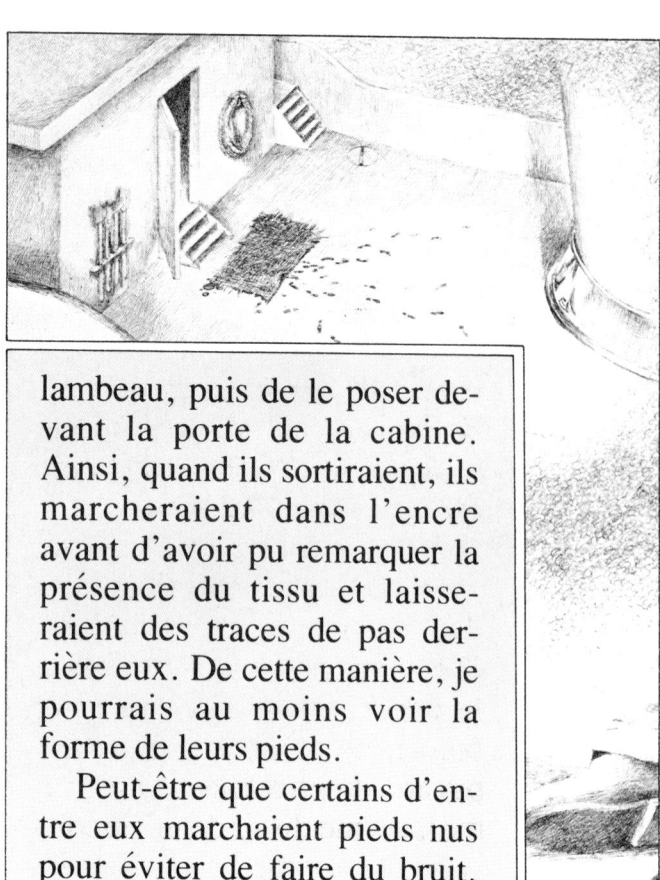

Peut-être que certains d'entre eux marchaient pieds nus pour éviter de faire du bruit. Mais non, finalement, ils étaient beaucoup trop astucieux et ne faisaient que rire de tous mes pièges.

Alors, je n'y tins plus et décidai une bonne fois pour toutes de descendre le bateau de son étagère, de bien l'examiner et d'attraper au moins l'un des petits hommes qui vivaient à l'intérieur.

Ma grand-mère me traînait avec elle lorsqu'elle allait rendre visite à ses amies. C'étaient toujours de vieilles femmes qui passaient une bonne moitié de leur temps à bavarder entre elles. Quant à moi, on me disait de m'asseoir et de ne toucher à rien. J'avais simplement le droit de caresser le chat.

Ce jour-là, ma grand-mère s'apprêtait à partir. Je la vis mettre des biscuits dans une boîte qu'elle emporterait pour le thé. Alors, je courus dans le couloir, saisis mes moufles de laine et m'en frottai les joues et le front sans épargner ma peine. Je me frottais ainsi tout le visage aussi fort que je le pus. Puis je m'allongeai sur le lit sans dire un mot.

Soudain, ma grand-mère s'aperçut que je ne me trouvais plus auprès d'elle.

— Boria ! Boriushka ! Où es-tu ? demanda-t-elle.

Je fermai les yeux sans répondre. Ma grand-mère vint alors vers moi.

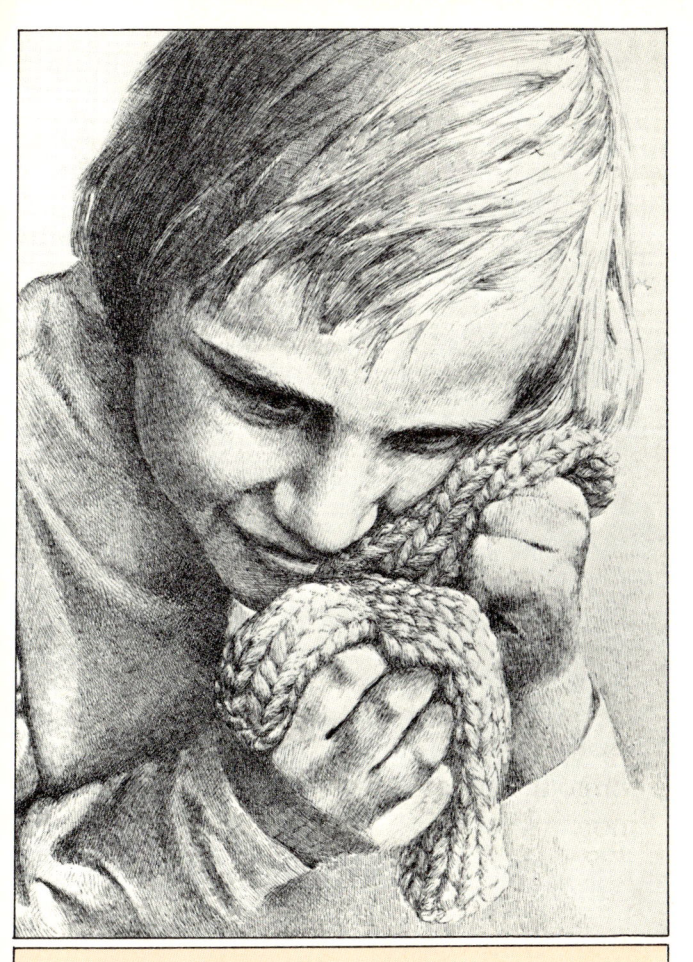

— Pourquoi t'es-tu couché ? s'étonna-t-elle.
— J'ai mal à la tête.
Elle me passa une main sur le front.

— Boriushka, écoute-moi, reprit-elle, tu vas rester à la maison. En revenant, je m'arrêterai chez l'épicier pour t'acheter de la compote de framboises. Je serai bientôt de retour. Déshabille-toi et couche-toi. Allez, couche-toi, et ne discute pas.

Elle m'aida à me déshabiller, me mit au lit et me borda.

Puis elle répéta plusieurs fois :

— Je serai bientôt de retour, très très bientôt.

Après qu'elle eut fermé la porte à clé, j'attendis cinq minutes. Il fallait être prudent : elle pouvait avoir oublié quelque chose et revenir.

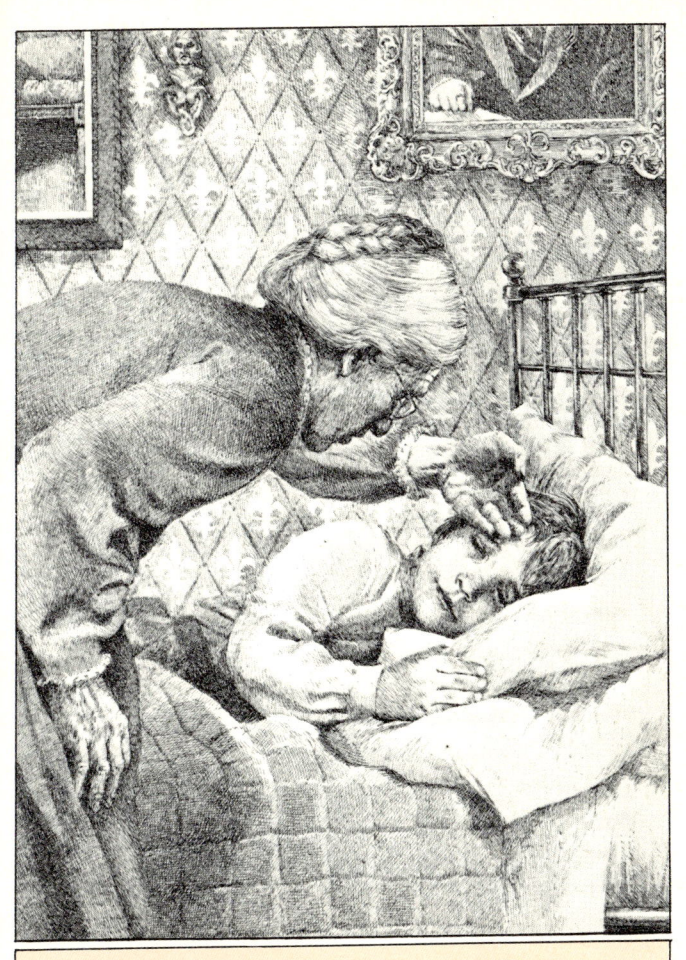

Enfin, lorsque je fus certain qu'elle était bien partie, je sautai du lit, grimpai sur la table et pris le bateau sur son étagère. Je m'aperçus aussitôt qu'il était tout en fer. Un vrai navire ! Je le collai contre mon oreille et écoutai. Est-ce que quelque chose bougeait, là-dedans ? Les petits hommes se taisaient, bien entendu. Ils comprenaient bien que je m'étais emparé de leur bateau, et devaient être assis sur leurs bancs sans oser dire un mot.

Je descendis de la table et secouai le bateau. Je voulais obliger les petits hommes à quitter leurs bancs.

Ainsi secoués, ils ne pouvaient rester assis et j'allais sûrement les entendre courir en tous sens. Mais tout demeurait silencieux à l'intérieur.

Alors, je compris : ils étaient sûrement assis côte à côte sur leurs bancs, leurs jambes bien calées sous les planches en se cramponnant de toutes leurs forces. C'était comme s'ils avaient été collés à leurs sièges.

Mais je n'avais pas dit mon dernier mot. Si j'arrivais à soulever le pont du bateau, je pourrais les attraper tous.

Je pris un couteau dans l'armoire sans quitter le navire des yeux, au cas où les petits hommes auraient tenté de s'échapper. J'essayai de glisser la lame entre le

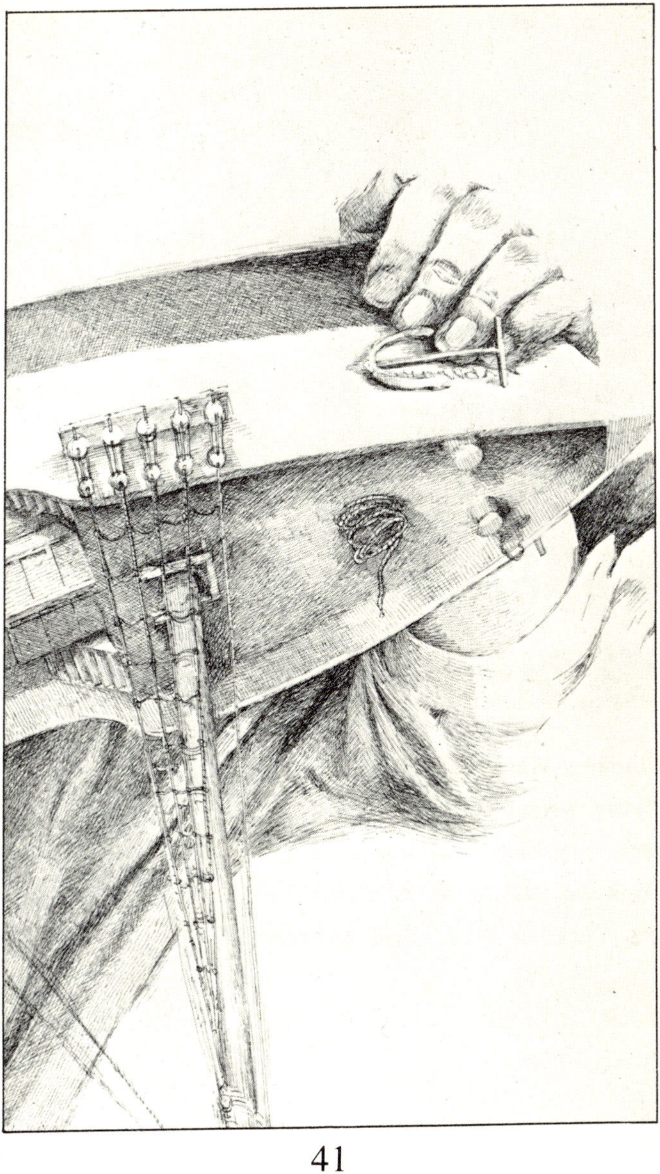

pont et la coque, mais tout était trop bien collé.

Finalement je parvins quand même à enfoncer le couteau dans un interstice et le remuai avec précaution, par petits coups.

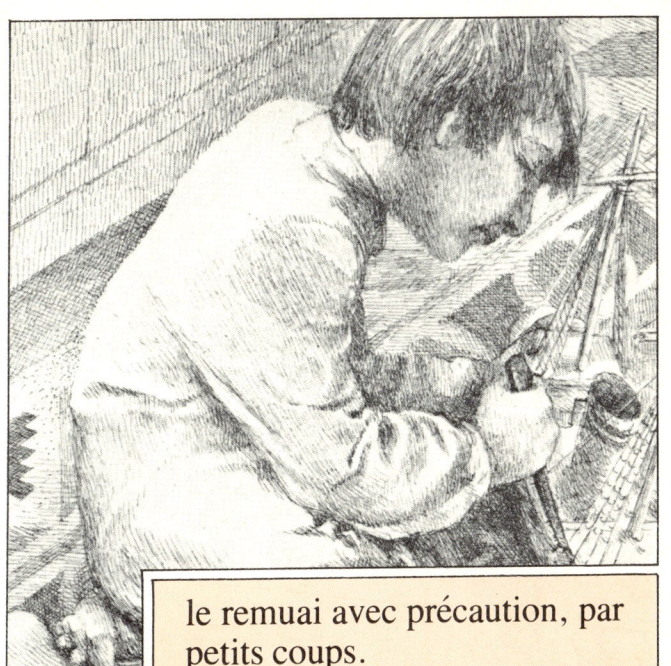

Le pont se souleva, mais les échelles de corde maintenaient les mâts. Il fallait les couper, sinon, je n'arriverais à rien. J'hésitai une seconde, une toute petite seconde. Puis je commençai à scier les échelles. Le couteau était émoussé, mais je parvins quand même à mes fins. Les échelles à présent pendaient de chaque côté des mâts. A l'aide du couteau, je soulevai à nouveau le pont que plus rien ne retenait. Je ne voulais pas ménager une ouverture trop grande, de peur que les marins n'aient la place de sauter hors du bateau et de s'enfuir. Je me contentai donc de laisser un tout petit espace qui ne permettrait le passage qu'à un seul d'entre eux.

Il essayerait de sortir et je l'attraperais alors en le retenant prisonnier dans la paume de ma main, comme un scarabée.

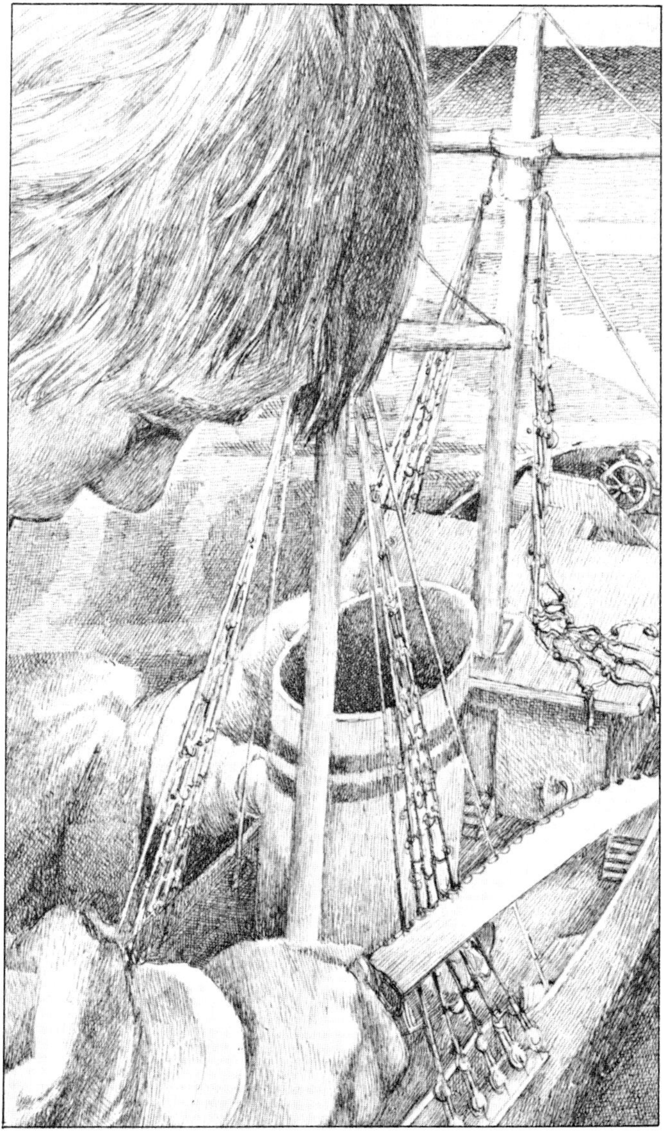

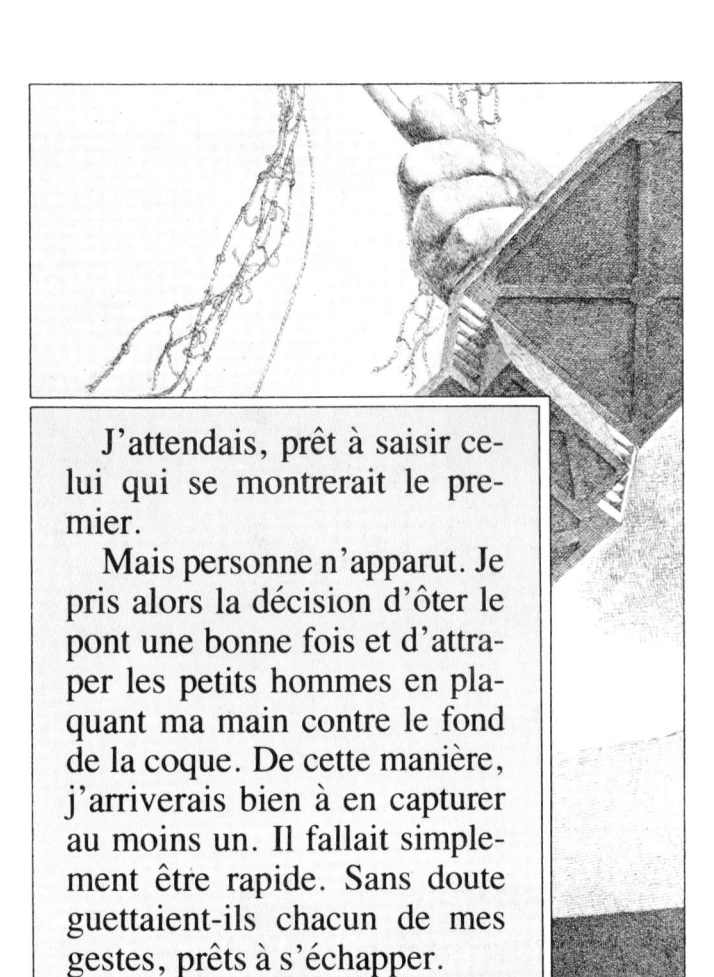

J'attendais, prêt à saisir celui qui se montrerait le premier.

Mais personne n'apparut. Je pris alors la décision d'ôter le pont une bonne fois et d'attraper les petits hommes en plaquant ma main contre le fond de la coque. De cette manière, j'arriverais bien à en capturer au moins un. Il fallait simplement être rapide. Sans doute guettaient-ils chacun de mes gestes, prêts à s'échapper.

Je soulevai le pont et abattis ma main à plat sur le fond du bateau. Mais il n'y avait rien à l'intérieur, rien. Absolument rien. Pas de bancs. Rien. La coque du navire était aussi vide qu'une marmite. J'ôtai ma main, certain à présent que je n'avais rien attrapé du tout.

Mes doigts tremblaient tandis que j'essayais de remettre le pont à sa place. Je

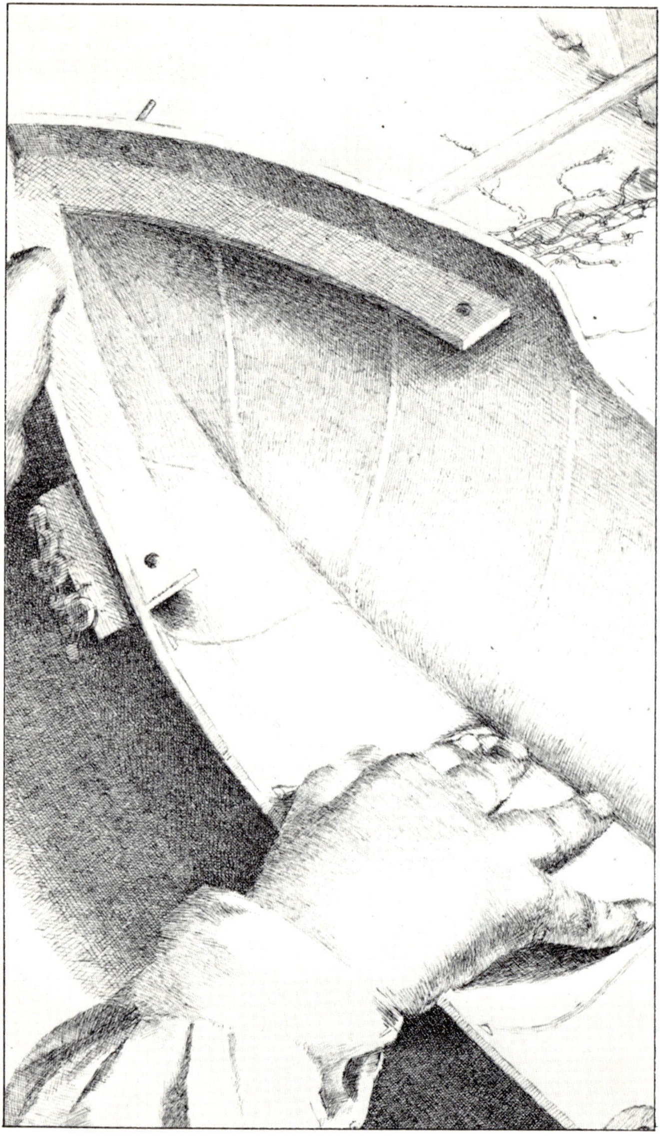

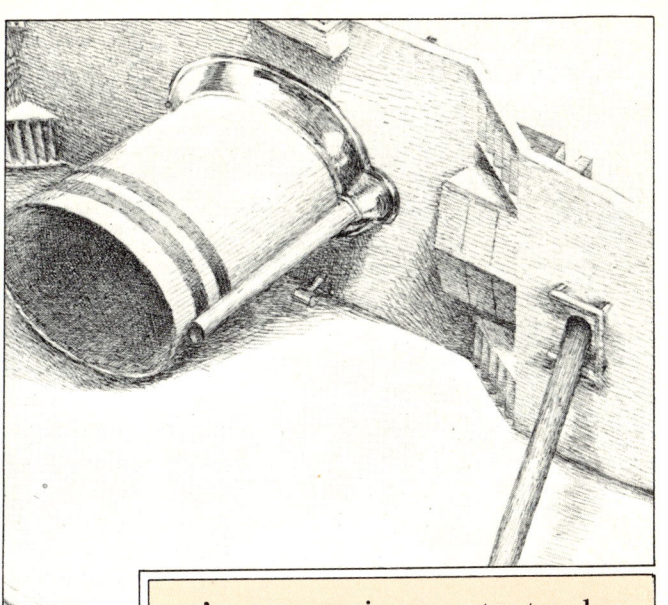

n'y parvenais pas, toutes les pièces étaient faussées, tordues et refusaient de s'emboîter à nouveau. Je n'arrivais pas non plus à rattacher les échelles de corde qui pendaient des deux mâts.

Après bien des efforts, je réussis quand même, tant bien que mal, à replacer le pont sur la coque et reposai le bateau sur son étagère.

Tout était perdu à présent.

Je me jetai sur le lit et m'enfouis sous

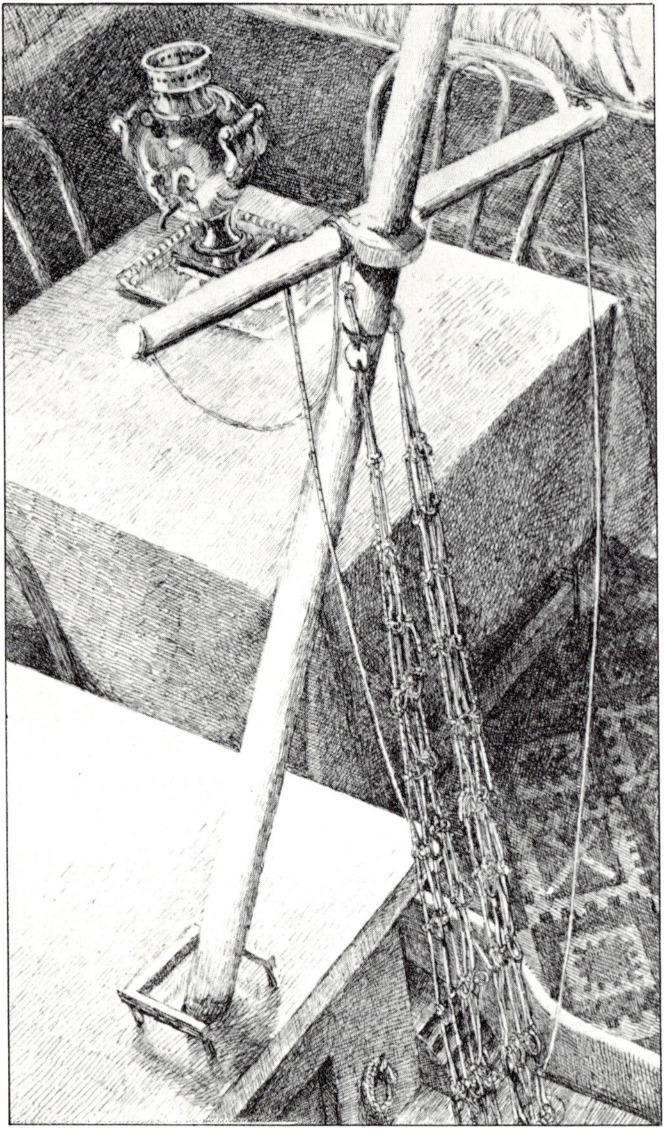

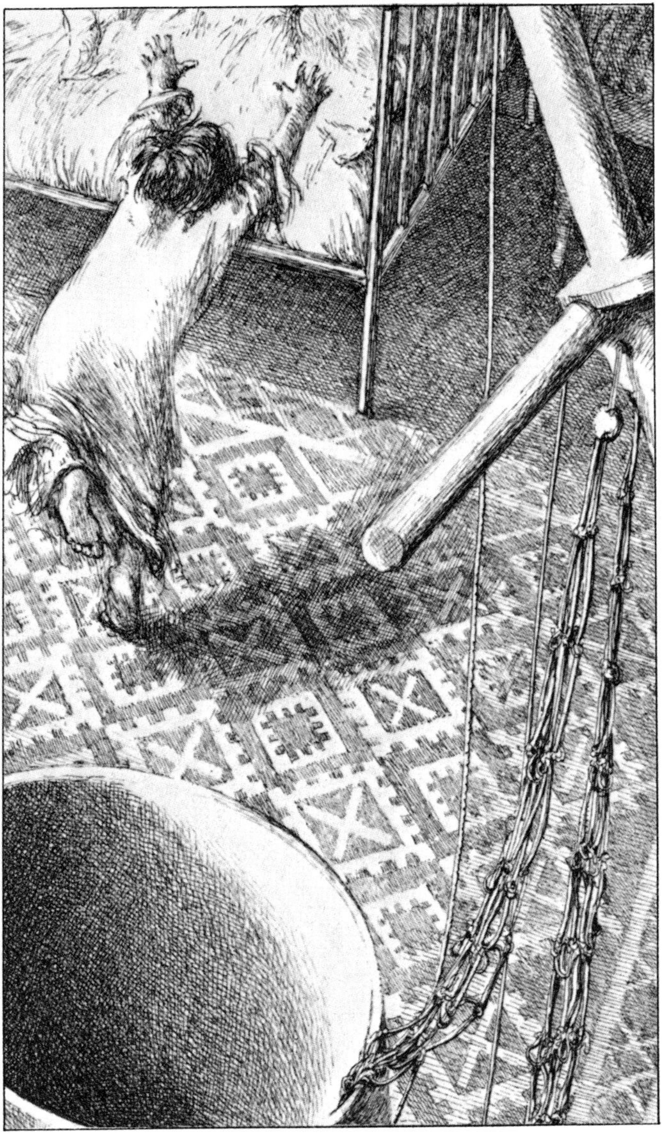

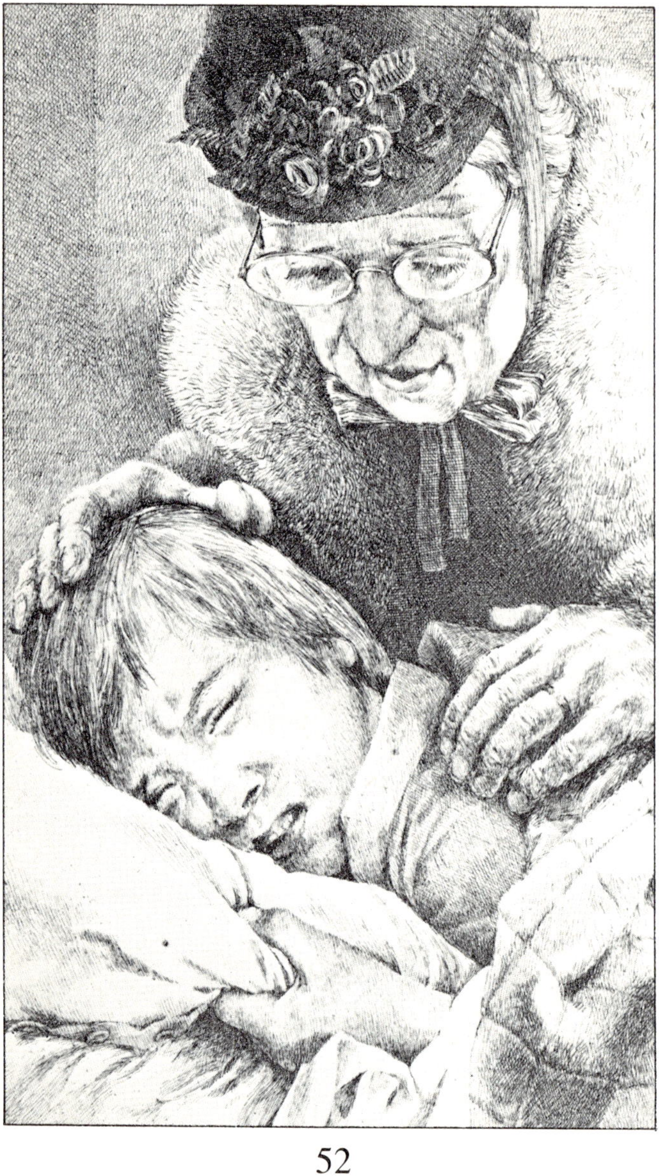

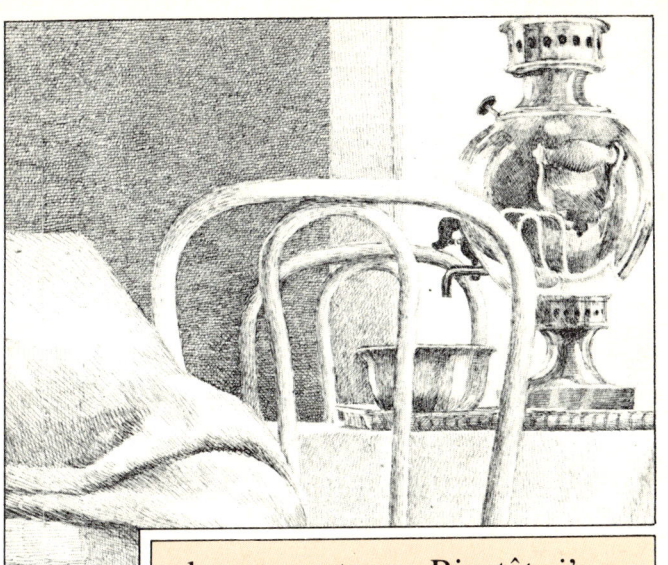

les couvertures. Bientôt, j'entendis le bruit d'une clé qui tournait dans la serrure.

— Mamie, murmurai-je, mamie, qu'est-ce que j'ai fait...

Ma grand-mère était déjà près de moi et me caressait les cheveux.

— Pourquoi pleures-tu, Boriushka ? Pourquoi ces sanglots ? Tu vois bien que j'ai fait vite pour rentrer, n'est-ce pas ?

Elle n'avait pas encore vu le bateau...

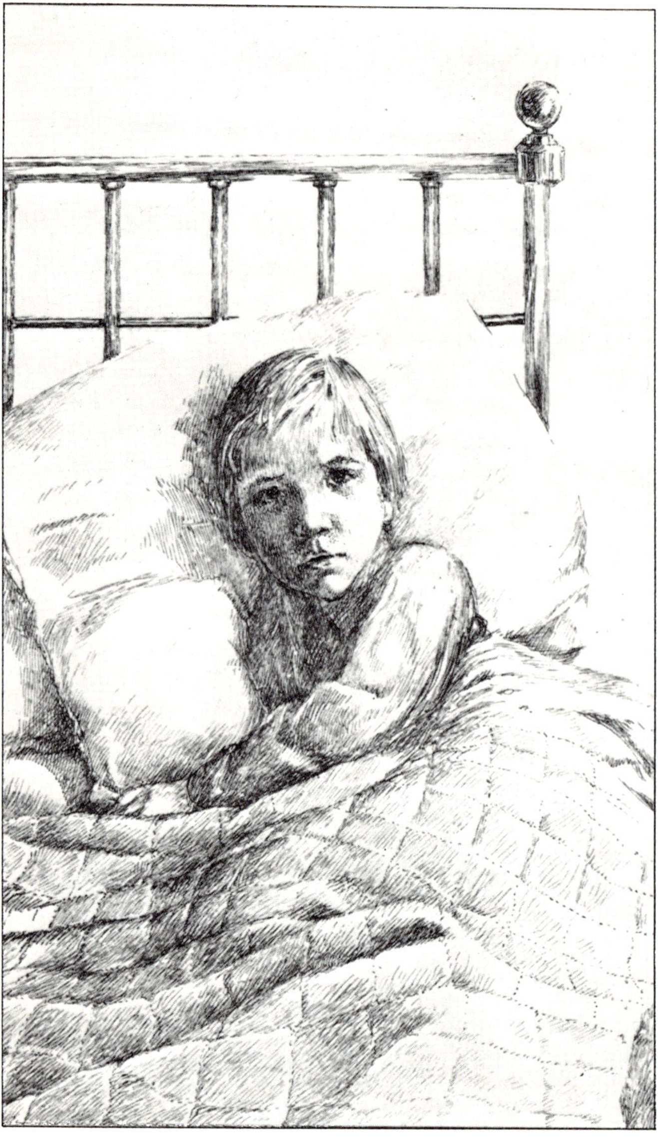

En guise de biographie.

Boris Zhitkov (1882-1938) commença à écrire des histoires pour les enfants à l'âge de 42 ans. Elles obtinrent un succès immédiat, et il devint bientôt l'un des plus célèbres conteurs pour enfants d'Union Soviétique. Boris Zhitkov était un personnage surprenant : chimiste, ichtyologiste (ce qui signifie qu'il étudiait les poissons), ingénieur, constructeur de bateaux, photographe, il savait danser et jouer du violon. Il fit même la chorégraphie de deux ballets pour le danseur russe Nijinsky. La mer, les bateaux, et la richesse des peuples de toutes nationalités furent, tout au long de sa vie, ses plus grands intérêts.

Paul O. Zelinsky étudia la peinture à l'Université de Yale aux États-Unis. Après une courte période où, à son tour, il enseigna cet art, il s'installa à New York pour peindre et illustrer. Ses travaux ont paru dans différents magazines américains. *Les Marins fantômes* est son premier livre.